VENTE

Les Mardi 27 et Mercredi 28 Décembre 1910

HOTEL DROUOT, SALLE N° 1

A DEUX HEURES

OBJETS D'ART ET D'AMEUBLEMENT

ANCIENS ET MODERNES

TABLEAUX, DESSINS, GRAVURES

Porcelaines, Faïences, Bronzes

MEUBLES ET SIÈGES

TENTURES, TAPIS

Appartenant à Monsieur le Comte de C... L...

COMMISSAIRE-PRISEUR

Me LAIR-DUBREUIL

EXPERTS

MM. DUCHESNE & DUPLAN

CATALOGUE

DES

MEUBLES ET OBJETS D'ART

ANCIENS ET MODERNES

TABLEAUX, DESSINS, GRAVURES

PORCELAINES & FAIENCES

De Sèvres, Saxe, Vienne, Chine, Delft, etc.

BRONZES, PENDULES

DES XVIIe ET XVIIIe SIÈCLES

Lustres, Candélabres, Girandoles

OBJETS VARIÉS

MEUBLES & SIÈGES

EN MARQUETERIE ET BOIS DE PLACAGE

Ameublement de Salon, Bergères, Fauteuils, Chaises

TENTURES, RIDEAUX, TAPIS

Portières en Karamanie

Le tout appartenant à Monsieur le Comte de C... L...

ET DONT LA VENTE AUX ENCHÈRES PUBLIQUES AURA LIEU

HOTEL DROUOT, SALLE N° 1

Les Mardi 27 et Mercredi 28 Décembre 1910

à deux heures

Me **F. LAIR-DUBREUIL**	**MM. G. DUCHESNE & R. DUPLAN**
COMMISSAIRE-PRISEUR	EXPERTS
6, rue Favart	10, rue Rossini

EXPOSITION PUBLIQUE

Le Lundi 26 Décembre 1910, de 2 heures à 6 heures

CONDITIONS DE LA VENTE

Elle sera faite au comptant.

Les adjudicataires paieront *dix pour cent* en sus des enchères.

L'exposition mettant le public à même de se rendre compte de la nature et de l'état des objets, il ne sera admis aucune réclamation une fois l'adjudication prononcée.

Paris — Imprimerie de l'Art, Ch. Berger, 41, rue de la Victoire.

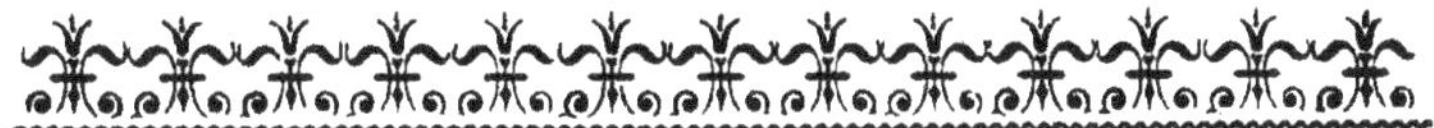

DÉSIGNATION

TABLEAUX

AQUARELLES, PASTELS, DESSINS

GRAVURES, LIVRES

ÉCOLE FRANÇAISE (XVIIe et XVIIIe siècles)

1 — *Portrait d'homme vêtu d'une armure.*
Médaillon ovale.
Toile.
Cadre en bois sculpté.

2 — *Portrait d'homme, coiffé d'une grande per-*
ruque.
Toile.

3 — *Trois portraits d'hommes et de femmes.*
Toiles.

4 — *Portrait de femme.*

> Vêtue d'une robe bleue décolletée ; armoiries en haut et à gauche.
> Toile.

5 — *Paysage ; Coucher de soleil.*

> Toile.

6 — *Portrait d'homme.*

> Vu à mi-corps, vêtu de velours.
> Toile.

7 — *Le Petit Joueur de vielle.*

ÉCOLE HOLLANDAISE

8 — *Paysage ; Habitation au bord d'un étang.*

> Toile.

9 — *Buveurs jouant aux cartes dans un cabaret.*

> Toile.

10 — *Paysans attablés à la porte d'une auberge.*

> Toile.

ÉCOLE ITALIENNE

11 — *Vase de fleurs.*

> Toile.

12 — *Personnages dans des paysages, près de ruines.*

> Deux compositions se faisant pendant.
> Toiles.

13 — *Nature morte.*

> Fruits et accessoires divers disposés sur une table.
> Toile.

14 — *Paysage avec cours d'eau animé de figures : Cavalier et mendiant.*

> Toile.

15 — *Nature morte.*

> Fruits et fleurs sur une table couverte d'un tapis rouge brodé.
> Toile.

LE BRUN (Eugénie)

16 — *Portrait du peintre Le Brun.*

> Représenté assis, en manches de chemise, gilet jaune.
> Signé à droite en bas et daté : *1827.*

MENUET (L.)

17 — *Marine. — Bateaux pêcheurs au large.*

> Toile.

SAINT-JEAN (Attribué à)

18 — *Bouquet de fleurs.*

> Médaillon ovale.

VINCELET

19 — *Fleurs dans un vase.*

20 — Panneau peint à armoiries. Cadre en bois sculpté.

21 à 30 — Important lot de gravures en noir et en couleurs, anciennes et modernes.

31 — Grande miniature : Portrait de Mme de Lamballe. Signée : *Verneuil.*

32 — Grande miniature : Portrait du Grand Frédéric.

33 — Miniature : Portrait de femme en robe blanche décolletée. Signée : *Gomien, 1833.*

34 — Miniature : Portrait de jeune fille, en robe décolletée bleue.

35 à 38 — Huit miniatures diverses.

39 — Boîte ronde en ivoire, avec miniature.

40 à 49 — Lot de livres divers. Environ trois cents volumes reliés : dictionnaires, mémoires, histoire, sciences, art, romans, etc., etc. (Sera divisé.)

PORCELAINES, FAIENCES

CÉRAMIQUES

50 — Grand vase en porcelaine genre Sèvres, décor de réserves en biscuit, à sujets d'amours, sur fond bleu marbré à rehauts d'or; anses formées par des têtes de faunes barbus. Monture en bronze doré.

51 — Paire de vases à panses renflées en porcelaine de Ludwigsburg, décor à bouquets de fleurs et fleurettes sur fond blanc.

52 — Deux potiches en porcelaine de Ludwigsburg, décor à bouquets de fleurs et rehauts d'or sur fond blanc.

53 — Quatre statuettes en porcelaine blanche de Capo di Monte : Les Quatre Saisons.

54 — Deux vases en porcelaine décorée, avec socles; sujets à personnages et fleurs dans des réserves, fonds bleus à rehauts d'or.

55 — Groupe de deux enfants luttant, en porcelaine de Vienne.

56 — Pendule et socle en porcelaine d'Allemagne, décor à guirlandes de fleurs en relief et à groupes d'enfants.

57 — Vase en biscuit, anses formées par des enfants. Monté en lampe.

58 — Deux candélabres en porcelaine d'Allemagne, formés par des groupes de femmes et d'enfants supportant des branchages fleuris.

59 — Deux flambeaux en bronze, formés par des enfants au milieu de branchages fleuris. Porcelaine d'Allemagne.

60 — Quatre figurines en porcelaine décorée.

61 — Deux verseuses en ancienne porcelaine de Vienne.

62 — Un coffret en porcelaine décorée.

63 — Écuelle à bords lobés, décor à bouquets de fleurs sur fond blanc gaufré; couvercle à anse formée par un branchage fleuri. Ancienne porcelaine de Vienne.

64 — Corbeille ajourée en ancienne porcelaine de Vienne.

65 — Tasse et soucoupe en ancienne porcelaine de Vienne, décor à rehauts d'or.

66 — Tasse-trembleuse en ancienne porcelaine de
Vienne.

67 — Service, composé de six tasses et soucoupes,
une boîte à thé, un pot à lait en ancienne porcelaine de Vienne; décor en camaïeu rose.

68 — Quatre tasses et soucoupes en porcelaine de
Nyon, décor à bouquets de fleurs.

69 — Deux tasses-trembleuses. Même porcelaine.

70 — Quatre tasses et soucoupes. Même porcelaine.

71 — Deux autres tasses-trembleuses. Même porcelaine.

72 — Deux tasses et soucoupes en ancienne porcelaine de Vienne.

73 — Deux autres tasses et soucoupes. Même porcelaine.

74 — Verseuse en porcelaine ancienne de Vienne,
décor en camaïeu rose sur fond blanc.

75 — Verseuse en ancienne porcelaine de Vienne,
décor polychrome à rehauts d'or.

76 — Six tasses et soucoupes en porcelaine de Sèvres fond bleu, surdécorées.

77 — Dix-sept assiettes en ancienne porcelaine de Ludwigsburg, décor à fleurs sur fond blanc.

78 — Trois assiettes et deux compotiers en porcelaine de Vienne.

79 — Six assiettes en porcelaine de Sèvres, surdécorées.

80 — Dix assiettes en porcelaine de Chine et de la Compagnie des Indes.

81 — Dix-sept assiettes en ancienne porcelaine de Ludwigsburg, décor à fleurs sur fond blanc.

82 — Quatre assiettes de la Compagnie des Indes.

83 — Quatre assiettes en ancienne porcelaine de Chine.

84 — Vase en porcelaine de Chine de la Compagnie des Indes, décor de fleurs et armoiries ; anses formées par des mascarons à têtes d'hommes.

85 — Deux cornets et une potiche en porcelaine de Chine, décor bleu sur blanc.

86 — Deux bouteilles à panses renflées en faïence de Delft ; anses et bouchons formés par des serpents.

87 — Garniture de trois pièces : vases et potiche en faïence de Delft, décor ocre et brun.

88 — Deux vases en faïence, à piédouches et cou-
vercles ; anses formées par des têtes de faunes.
Décor bleu sur blanc.

89 — Quatre cornets en faïence, décor bleu sur
blanc.

90 — Deux jardinières en faïence décorée.

91 — Huit plats en faïences diverses.

92 — Neuf assiettes en faïence, à décors divers.

93 — Seize assiettes en ancienne faïence italiennne.
Chiffrées : *F. B.*

94 — Dix assiettes en faïence de Delft polychrome,
Marseille, Moustiers et autres, anciennes et
modernes.

95 — Neuf grands plats en faïence de Delft, décor
bleu sur blanc, anciens et modernes.

96 — Trente-deux assiettes en faïence de Delft,
décor bleu sur blanc, anciennes et modernes.

PENDULES, BRONZES

OBJETS DIVERS

97 — Petite pendule Louis XVI en marbre noir et
bronze doré, le cadran surmonté d'un vase
fleuri.

98 — Pendule en bronze ciselé et doré. Époque de
la Restauration. Sujet allégorique à l'Amour et à
la Fidélité.

99 — Garniture de cheminée composée d'une pendule en marbre jaune à sujet de bronze : Diane
accroupie; et quatre coupes en bronze et marbre
jaune.

100 — Garniture de cheminée composée d'une pendule et de deux candélabres en bronze doré,
ornée de plaques en porcelaine décorée à sujets
d'amours, oiseaux et fleurs.

101 — Pendule en marqueterie de bois, à colonnes
ornées de bronzes dorés.

102 — Pendule d'applique et sa console en bois
noir verni et rehaussé d'or.

103 — Deux grands flambeaux hollandais à cinq
lumières en cuivre poli.

104 — Deux grands candélabres à cinq lumières en bronze argenté.

105 — Deux petits flambeaux en bronze patine brune et bronze doré : Enfant supportant des porte-lumières.

106 — Paire d'appliques à deux lumières en bronze ciselé et doré. Style Louis XV.

107 — Paire de girandoles à trois lumières en bronze argenté. Style Louis XVI.

108 — Paire de girandoles en bronze argenté, à trois lumières.

109 — Deux bustes en bronze : Voltaire et Rousseau, fût de colonnes en marbre blanc.

110 — Deux candélabres à trois lumières en bronze patine brune et bronze doré.

111 — Lustre en bronze doré, motifs feuillagés. Aménagé pour l'électricité.

112 — Lustre en bronze et cristal ; décor à feuilles et fleurs de lys.

113 — Lustres et appareils d'éclairage.

114 — Paire de petits vases en émail cloisonné.

115 — Grand vase en émail à fond bleu; monture en bronze; lampe électrique.

116 — Deux lampes en émail cloisonné de la Chine; monture en bronze.

117 — Coffret en métal, gainé de velours.

118 — Bas-relief ovale en bronze : Neptune.

119 — Vingt pièces : aiguières, pichets, flambeaux, assiettes en étain.

120 — Verseuse en métal anglais.

121 — Samovar en cuivre rouge.

122 — Deux mortiers en bronze.

123 à 126 — Lot d'armes diverses.

127 — Trois poudrières.

MEUBLES ET SIÈGES

128 — Commode à six tiroirs, le devant de forme contournée, en marqueterie de bois. Dessus en marbre brèche. Poignées et entrées de serrure en cuivre.

129 — Grand régulateur en bois de Teck.

130 — Bureau à abattant en bois de violette et bois de rose ; le haut formant bibliothèque vitrée, le bas à deux tiroirs et deux vantaux.

131 — Guéridon rond à quatre pieds en marqueterie de bois de couleur. Dessus en marbre blanc à galerie.

132 — Meuble prie-Dieu en chêne sculpté et ciré.

133 — Petite commode à trois tiroirs en marqueterie de bois de violette.

134 — Table de nuit en noyer sculpté.

135 — Meuble-étagère en bois doré, foncé de canne dorée.

136 — Grande armoire en noyer, à deux vantaux et deux tiroirs dans le bas, à panneaux et fronton sculpté. xviiie siècle.

137 — Commode, d'époque Louis XV, en marqueterie de bois de violette, ornée de poignées et entrées de serrures en bronze. Marbre rose veiné.

138 — Table en noyer sculpté et ciré.

139 — Bureau-ministre en acajou. Dessus en glace.

140 — Bureau-ministre en noyer sculpté et ciré.

141 — Secrétaire en marqueterie de bois de couleur
à abattant et trois tiroirs. Travail italien.

142 — Petit coffret en marqueterie de bois rose et
bois de couleur.

143 — Petite commode, de forme bombée, en marqueterie de bois de rose et bois de violette. Dessus en marbre. Style Louis XV.

144-145 — Deux commodes à trois tiroirs en marqueterie de bois de couleurs ; dessus marqueté ;
entrées de serrures et poignées en bronze. Travail italien.

146 — Petite commode en bois de rose et bois de
violette ; entrées de serrure et poignées en
bronze. Dessus de marbre. Style Louis XVI.

147 — Petit meuble à hauteur d'appui, à un tiroir,
un casier et deux vantaux, en bois de violette
et bois de rose, orné de bronzes dorés. Style
Louis XV.

148 — Meuble à hauteur d'appui en bois de violette,
à filets et incrustations de cuivre et d'ivoire.
Dessus en marbre.

149 — Vitrine en marqueterie, à colonnes torses.

150 — Bureau de dame à petits tiroirs en marqueterie de bois de rose et bois de couleurs. Dessus
marqueté.

151 — Table hollandaise, à pieds cambrés, en marqueterie de bois et racine de noyer.

152 — Commode d'encoignure à trois tiroirs en marqueterie de bois, ornée de poignées et entrées de serrure en bronze.

153 — Lit en noyer sculpté et ciré. Style Louis XVI.

154 — Bahut à deux portes, à hauteur d'appui, en chêne mouluré et sculpté. Dessus en marbre.

155 — Commode à trois tiroirs en marqueterie de bois de noyer, à filets.

156 — Banquette à dossier, en chêne sculpté.

157 — Meuble à deux corps, à quatre tiroirs, en chêne sculpté. XVIIe siècle.

158 — Meuble en chêne mouluré et sculpté ; le haut vitré à petits carreaux.

159 — Bureau à abattant en marqueterie de bois clair ; le haut formant armoire à deux vantaux ; le bas, commode.

160 — Grand bureau à cylindre en marqueterie de bois de rose, à cinq tiroirs. Époque Louis XV.

161 — Commode en marqueterie de bois de rose, ornée de bronzes. Marbre veiné. Style Louis XV.

162 — Table ronde, à pieds cambrés, en bois sculpté et doré. Dessus en marbre blanc.

163 — Dessus de cheminée en chêne sculpté. Style Louis XV.

164 — Grande table en bois clair, pied à entre-jambes. Dessus en jute.

165 — Petite table en marqueterie, s'ouvrant à deux tiroirs. Dessus en marbre, à galerie; ornements en bronze. Style Louis XVI.

166 — Ameublement de salle à manger en chêne sculpté, composé d'une table ronde, d'un buffet-dressoir, deux encoignures, douze chaises à hauts dossiers et un dressoir.

167 — Grande armoire, à portes pleines, en noyer mouluré. Époque Louis XV.

168 — Pied-support en bois sculpté et peint en blanc. Style Louis XVI.

169 — Guéridon en acajou, à filets de cuivre. Style Louis XVI.

170 — Guéridon en bois sculpté et doré. Dessus de marbre blanc.

171 — Guéridon ovale en acajou.

172 — Petite table ovale, à tablette d'entrejambes et pieds cambrés, en marqueterie de bois rose à damiers et bois de violette.

173 — Petite table de chevet à deux tiroirs en marqueterie de bois rose et bois de couleur. Style Louis XVI.

174 — Chambre à coucher en acajou, composée de deux lits à une personne et de quatre tables de nuit.

175 — Grande armoire en acajou, à trois portes en glace et six tiroirs.

176-177 — Deux armoires-vitrines en acajou, à deux vantaux.

178 — Grande armoire en acajou, à deux vantaux et deux tiroirs dans le bas.

179 — Petite table à jeu, à pieds cannelés, en noyer ciré. Époque Louis XV.

180 — Console en bois sculpté et doré. Marbre veiné. Style Louis XVI.

181 — Table rectangulaire en noyer ciré; pieds à entrejambes. XVIIᵉ siècle.

182 — Petite table en bois peint en blanc, à tablette d'entrejambes cannée. Dessus en marbre.

183 — Petite table-étagère. Dessus à galerie.

184 — Commode en noyer, s'ouvrant à quatre tiroirs; poignées et entrées de serrure en cuivre.

185 à 188 — Plusieurs tables en chêne sculpté.

189 — Horloge à poids en marqueterie de bois.

190 — Paravent à trois feuilles en bois laqué blanc; feuilles en soierie jaune.

191 — Paravent à trois feuilles en bois sculpté et doré, orné d'une gravure rehaussée et de petites glaces; garniture en soierie. Style Louis XVI.

192 — Deux petites glaces en bois sculpté et doré, avec appliques porte-lumières.

193 — Miroir, avec encadrement en bois sculpté et doré. XVIIIe siècle.

194-195 — Deux glaces, à frontons et encadrements en bois sculpté et doré.

196 — Grand miroir, avec encadrement à grandes rocailles. Travail italien.

197 à 200 — Quatre glaces en bois sculpté et doré, de style Louis XV.

201 — Grande glace, à encadrement en bois sculpté et doré.

202 — Deux fauteuils à dossiers médaillons et un petit canapé, couverts en soie brochée à fleurs et rubans, en bois peint en blanc. Style Louis XVI.

203 — Cinq sièges, chaises et fauteuils couverts en étoffe de fantaisie, en bois peint en blanc.

204 — Meuble de salon, composé d'un canapé et quatre fauteuils, en bois peint en blanc, couverts en étoffe brochée fond rouge. Style Louis XV.

205 — Deux tabourets orientaux en marqueterie de nacre et d'ivoire.

206 — Petit tabouret en noyer sculpté, à rinceaux et feuillages. Style Régence.

207 — Deux bergères en bois peint en blanc, couvertes en soierie et velours. Style Louis XVI.

208 — Petit fauteuil en bois sculpté et doré, foncé de canne, coussin d'étoffe. Style Louis XV.

209 à 213 — Lot de sièges, chaises, fauteuils, canapé, de différents modèles.

TENTURES, RIDEAUX

TAPIS

214 — Dix-huit portières ou rideaux en Karamanie.

215 — Trois paires de rideaux en brocatelle verte, à passements métalliques.

216 — Une paire de rideaux en velours bleu.

217 — Une paire de rideaux en damas fraise écrasée.

218 — Quatre paire de rideaux en soierie damassée rose et bleue.

219 — Une paire de rideaux en soierie bleue.

220 — Grande carpette en moquette orientale, fond bleu à branchages fleuris.

221 — Grand tapis-galerie de Perse, à fond rouge ; bordure à fond blanc.

222 — Grand tapis-galerie de Perse, à bandes longitudinales polychromes.

223 — Grand tapis d'Orient, à décor polychrome, fond blanc ; encadrement à fond rouge.

224 — Carpette-galerie en tapis d'Orient, décor de fleurs sur fond bleu.

225 — Objets omis.

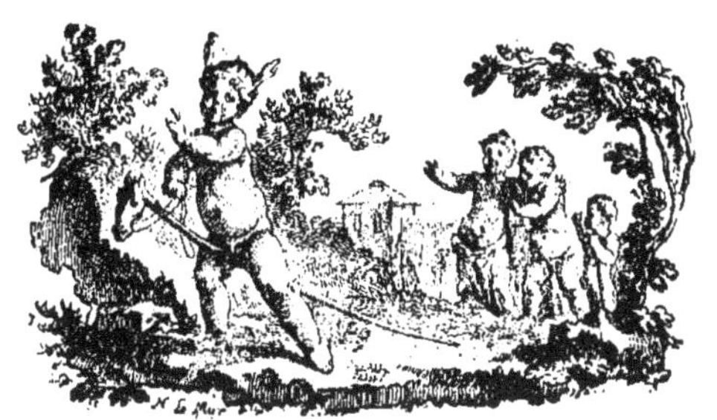

9 782329 546988